Sylvia Seßler, geboren 1959, ist selbst engagierte Mutter von drei Kindern. Ursprünglich hatte sie die Spiele, Lieder und Reime für ihre eigenen Babys zusammengestellt. Später verschenkte sie selbstgebastelte Monatsblätter an befreundete Eltern – und stieß damit auf einhellige Begeisterung. So entstand die Idee für diesen Kalender.

ich gratuliere Ihnen zur Geburt Ihres Babys. Für Sie beginnt jetzt eine neue und aufregende Zeit – voller Liebe und Zärtlichkeit, Aufmerksamkeit und Verantwortung. Sie wollen alles dafür tun, daß es Ihrem Kind gutgeht und es sich optimal entwickelt.

Dabei kann Ihnen dieser Kalender helfen. Er bietet Ihnen für jeden Lebensmonat Ihres Babys neue, sorgfältig ausgewählte Ideen für gemeinsame Spiele. Sie können damit Ihr Kind auf vielfältige Weise fördern, ohne es zu überfordern. Vor allem aber soll das gemeinsame Spiel Ihnen und Ihrem Baby Spaß machen und ihm zeigen, wie lieb Sie es haben: Bei den Finger- und Bewegungsspielen zum Beispiel streicheln und berühren Sie es und sprechen zärtlich mit ihm.

Die Spiele sollen Anregungen sein, die Sie natürlich für sich und Ihr Kind abwandeln können. Jedes Kind ist anders – probieren Sie aus, was Ihrem Baby Spaß macht. Spielen Sie in den ersten Monaten nur mit ihm, wenn es zufrieden und aufmerksam ist. Gefällt Ihrem Baby ein Spiel nicht, versuchen Sie es einfach ein paar Wochen später wieder. Genießt es ein Spiel ganz besonders, wiederholen Sie es ruhig mehrmals hintereinander – Kinder lieben Wiederholungen.

Manche der Lieder und Reime sind Ihnen vielleicht noch aus Ihrer eigenen Kindheit vertraut. Aber kommen Sie noch über die ersten zwei Zeilen hinaus? Hier können Sie Bekanntes auffrischen und Neues dazulernen. Sollten Sie bei einem Lied die richtige Melodie nicht kennen, so singen Sie es einfach auf eine andere, Ihnen bekannte – oder erfinden Sie eine neue. Ihr Baby genießt jede Musik!

Unter der Überschrift „Kurz & praktisch" finden Sie nützliche Pflegetips, Ideen für geeignetes Spielzeug sowie Hinweise auf alle Vorsorgeuntersuchungen. Und Sie erfahren, welche Entwicklungsschritte die meisten Babys bis zum Ende des jeweiligen Monats durchlaufen. Betrachten Sie diese jedoch nur als grobe Anhaltspunkte, denn Ihr Baby ist einmalig und entwickelt sich in seinem persönlichen Tempo.

In einem monatlichen Mini-Tagebuch können Sie selbst eintragen, was Ihnen wichtig ist – das erste Lächeln, den ersten Zahn, aber auch die Termine für die Vorsorgeuntersuchungen.

Wenn Sie den Kalender über dem Wickeltisch aufhängen, finden Sie immer schöne, abwechslungsreiche Spiele und Lieder dort, wo Sie sie brauchen. Sie müssen nicht lange in Büchern blättern und haben die Hände frei für das Wichtigste – Ihr Baby.

Ich wünsche Ihnen viele fröhliche und zärtliche Stunden mit Ihrem Kind!

Sylvia Seßler

Mein 1. Monat

Teddy-Gymnastik

Ihr Baby liegt auf dem Rücken. Drücken Sie seine Beinchen leicht gegen seinen Bauch, dann lassen Sie sie wieder locker und entspannt. Sprechen oder singen Sie dazu:

„Teddybär, Teddybär, dreh dich um"
(beide Beine anheben und sanft nach rechts und links schieben)
„Teddybär, Teddybär, mach dich krumm"
(Beine leicht beugen)
„Teddybär, Teddybär, heb dein Bein"
(Beine leicht heben)
„Teddybär, Teddybär, das ist fein"
(Beine im Wechsel bewegen)

„Mama, erzähl mir was"

Säuglinge reagieren zuerst auf Gesichter. Schauen Sie deshalb Ihr Baby an, wenn Sie mit ihm reden. Es kann Ihre Stimme bereits von fremden unterscheiden. Wenn Sie Ihr Kind streicheln und küssen, nennen Sie das, was Sie gerade berühren, beim Namen. Es genießt die Berührungen und den Klang Ihrer Stimme. Sie können dazu auch sprechen:

„Kinne Wippchen, rote Lippchen,"
(über Kinn und Lippen streichen)

Zarte Massagen

Ihr Baby genießt es, wenn Sie es nach dem Baden oder beim Wickeln leicht herzwärts massieren. Benutzen Sie dazu angewärmte Babycreme oder Babyöl. Ihr Kind fühlt sich dabei wohl und lernt seinen Körper kennen. Achten Sie darauf, welche Berührungen es besonders gern mag.
Dabei können Sie singen:

„Schnurre Katze, leise Tatze, kratze kratze, kleine Katze, mit der Schnauze miaut se." *(miauen)*

Sanfte Wiege

Fast alle Säuglinge lassen sich im Wiegegriff beruhigen. Legen Sie dazu Ihr Baby bäuchlings

Kurz & praktisch

Pflegetip

Baden
- Der Säureschutzmantel der Babyhaut wird erst aufgebaut. Deshalb sollten Sie Ihr Baby nur zwei- bis dreimal die Woche baden. Anfangs benötigen Sie noch keinen Badezusatz.
- Hat Ihr Kind trockene Haut, geben Sie einige Tropfen Weizenkeim- oder Mandelöl ins Wasser.

Nicht vergessen!

Die U1 wurde schon in der Klinik gemacht. Denken Sie daran, Ihr Baby zur U2 (zwischen dem 3. und 10. Lebenstag) anzumelden. Der Kinderarzt überprüft die Atmung, das Trinkverhalten und die körperliche Entwicklung Ihres Babys. Um Stoffwechselstörungen frühzeitig zu erkennen, wird aus seiner Ferse ein wenig Blut entnommen.

So entwickelt sich Ihr Kind

- Ihr Baby kann sich noch nicht gezielt bewegen, aber es beobachtet schon. Im Abstand von 20 bis 30 Zentimetern sieht es am besten.
- Berühren Sie seine Handfläche, macht es eine Faust (Greifreflex), streicheln Sie seine Fußsohle, bewegt es das Bein.
- Vorwiegend im Schlaf lächelt es plötzlich. Dieses unbewußte „Engelslächeln" ist ein Vorläufer des eigentlichen Lächelns.

Sinnvolles Spielzeug

- einfaches Mobile mit verschiedenen Formen und Farben (von unten gut sichtbar)
- bunter Luftballon
- Spieluhr

Lieder und Reime

Schlaf, Kindlein, schlaf

Babys brauchen feste Rituale. Sie können Ihr Kind deshalb ruhig immer wieder mit demselben Lied in den Schlaf wiegen. Singen Sie:

„Schlaf, Kindlein, schlaf, dein Vater hüt' die Schaf, die Mutter schüttelt's Bäumelein,

„Stupsnäschen hat mein Häschen," *(Nase berühren)*
„Augenbrauen und Ohren zart und klein."
(Augenbrauen und Ohren berühren)
„Zupf, zupf, zupf mein Härchen – das ist fein." *(über den Kopf streichen)*

auf Ihren Unterarm, der auch das Köpfchen stützt, und umgreifen Sie seine Achsel. Mit der anderen Hand fassen Sie zwischen die Beine und stützen den Bauch. Schaukeln Sie Ihr Kind dabei sanft hin und her. Das ist entspannend für Ihr Kleines – und hilft auch gegen Bauchschmerzen.

da fällt herab ein Träumelein. Schlaf, Kindlein, schlaf.

Schlaf, Kindlein, schlaf, am Himmel zieh'n die Schaf.
Die Sternlein sind die Lämmerlein,
der Mond, der ist das Schäferlein. Schlaf, Kindlein, schlaf.

Schlaf, Kindlein, schlaf, so schenk ich dir ein Schaf.
Mit einer gold'nen Schelle fein,
das soll dein Spielgeselle sein. Schlaf, Kindlein, schlaf."

Summ, summ, summ …

Wie schön für Ihr Baby, in den Armen gehalten zu werden.
Wiegen Sie es langsam hin und her und singen Sie dazu:

„Summ, summ, summ,
Bienchen, summ herum!
Ei, wir tun dir nichts zuleide,
flieg nur aus in Wald und Heide!
Summ, summ, summ,
Bienchen, summ herum!

Summ, summ, summ,
Bienchen, summ herum!
Such in Blumen, such in Blümchen
dir ein Tröpfchen, dir ein Krümchen!
Summ, summ, summ,
Bienchen, summ herum!"

Kleines Baby-Tagebuch Größe: _____ Gewicht: _____

DATUM   WICHTIGE EREIGNISSE

Vorsorgeuntersuchung: U2

Mein 2. Monat

Flieg, Vöglein, flieg

Bewegen Sie Ihre Hand langsam vor den Augen Ihres Babys hin und her.

Dabei pfeifen oder singen Sie wie ein Vogel. Langsam kommt der „Vogel" herabgeflogen und setzt sich auf die Schulter, den Bauch, den Fuß Ihres Babys. Dazu erzählen Sie:

„Der Vogel setzt sich auf die Schulter – und kullert nun den Berg hinunter." *(mit der Hand hinunterkullern)*

„Der Vogel setzt sich auf das Bein – und kehrt bei Sonjas *(Name Ihres Kindes)* Näschen ein." *(mit der Hand zur Nase hüpfen)*

„Der Vogel setzt sich auf den Fuß – wo er schnell etwas essen muß." *(leicht am Fuß kitzeln)*

„Der Vogel setzt sich auf die Hand – und verschwand." *(Hand hinter dem Rücken verstecken)*

Nacktfrosch

Ihr Baby liebt es, nackt zu sein. Legen Sie es immer wieder für kurze Zeit unbekleidet oder nur mit einem Hemdchen an einen warmen geschützten Ort.

Was die Hände schon können ...

Sie fassen Ihr Baby an den Händen und

- drehen sie leicht hin und her,
- bewegen sie langsam und dann immer schneller seitlich, nach oben und unten,
- führen sie zusammen und wieder auseinander,
- streicheln mit den Händchen Ihres Babys sein und Ihr Gesicht.

Dazu können Sie auch sprechen:
„Große Uhren machen tick, tack.
Kleine Uhren machen tick, tack, tick, tack!
Und die kleinen Taschenuhren machen
ticke tacke, ticke tacke!
Rrrrr knacks ... kaputt!"

Kurz & praktisch

Pflegetip

Nabelbruch
Einen Nabelbruch erkennen Sie an der meist kirschgroßen Vorwölbung der Haut am Bauchnabel. Ursache ist eine zu schwach ausgebildete Bauchwand. Kleinere Nabelbrüche können sich von selbst zurückbilden. Suchen Sie aber trotzdem Ihren Kinderarzt auf.

Nicht vergessen!

Bei der U3 (4. bis 6. Lebenswoche) kontrolliert der Kinderarzt Gewicht und Wachstum, Gliedmaßen und Körperhaltung, innere und äußere Organe Ihres Babys. Er fragt Sie, wie Ihr Kind trinkt, wie seine Verdauung funktioniert und ob es Probleme gibt oder Ihnen Ungewöhnliches aufgefallen ist. Das Hüftgelenk wird mit Ultraschall untersucht, um Fehlbildungen frühzeitig zu erkennen.

So entwickelt sich Ihr Kind

- In Bauchlage kann Ihr Baby seinen Kopf schon leicht anheben und drehen.
- Es reagiert sichtbar auf Töne, erschrickt bei lauten Geräuschen, lauscht leisen Klängen.
- Gegenstände kann es schon für kurze Zeit fixieren.
- Welch eine Freude, wenn Ihr Baby Sie zwischen der 6. und 8. Woche zum ersten Mal anlächelt!

Sinnvolles Spielzeug

- Hängen Sie Ihrem Baby zwei bis drei Bilder mit einfachen, farbigen Motiven über sein Bett.
- Befestigen Sie über seinem „Beobachtungsplatz" ein Spiel mit einem Glöckchen (nicht in greifbarer Nähe). Wenn Sie es anschubsen, wird Ihr Baby versuchen, ihm mit den Augen zu folgen.
- weiche Stoffpuppe

Lieder und Reime

Suse, liebe Suse

Sie beugen und strecken die Beine Ihres Babys im Wechsel oder bewegen sie im Takt nach oben und unten, während Sie singen:

„Suse, liebe Suse, was raschelt im Stroh?
Das sind die lieben Gänschen, die haben kein' Schuh.

Rutschpartie

Sie setzen sich auf den Boden und legen das Baby auf Ihre leicht angewinkelten Oberschenkel. Dann heben Sie seine Beine leicht an und lassen es vorsichtig auf Ihren Bauch herunterrutschen. Sie können dazu sprechen:

„Rutsch geschwind, mein kleines Kind,
bis Mama (Papa) in den Arm dich nimmt."

Der Schuster hat's Leder, kein' Leisten dazu,
drum müss'n die lieben Gänschen wohl geh'n ohne Schuh,
drum müss'n die lieben Gänschen wohl geh'n ohne Schuh."

Wer hat die schönsten Schäfchen?

Ist Ihr Baby unruhig oder müde, legen Sie es auf Ihre Beine *(größeres Kissen darunter)* und schaukeln es leicht hin und her. Singen Sie dazu:

„Wer hat die schönsten Schäfchen? Die hat der goldene Mond,
der hinter unsern Bäumen am Himmel droben wohnt.

Er kommt am späten Abend, wenn alles schlafen will,
hervor aus seinem Hause zum Himmel leis' und still.

Dann weidet er die Schäfchen auf seiner blauen Flur,
denn all die weißen Sterne sind seine Schäfchen nur.

Sie tun sich nichts zuleide,
hat eins das andre gern,
und Schwestern sind und Brüder
da droben Stern an Stern.

Und soll ich dir eins bringen,
so darfst du niemals schrei'n,
mußt freundlich wie die Schäfchen
und wie ihr Schäfer sein."

Kleines Baby-Tagebuch

Größe: _____ Gewicht: _____

DATUM WICHTIGE EREIGNISSE

Vorsorgeuntersuchung: U3

Mein 3. Monat

Wie der Wind

Es gibt nichts Schöneres als zusammen zu tanzen! Sie können – ganz vorsichtig – schon jetzt damit beginnen. Legen Sie Musik auf und tanzen Sie dazu langsam mit Ihrem Kind auf Ihrem Arm durch den Raum, wobei Sie sein Köpfchen gut festhalten und sich nicht ruckartig bewegen.

Durch die Lüfte

Babys lieben Bewegungsspiele. Sobald Ihr Kind seinen Kopf selbst hält, kann es losgehen.
Sie legen sich auf den Rücken und Ihr Baby mit dem Gesicht zu Ihnen auf Ihre angezogenen Schienbeine. Sie halten es an den Armen fest und bewegen vorsichtig Ihre Beine leicht seitwärts. Das ist ein Riesenspaß!
Oder: Sie stellen Ihre Knie auf und setzen das Baby in Ihren Schoß. Sie heben Ihren Oberkörper und senken gleichzeitig Ihr Kind mit Ihren Knien ab. Jetzt sitzen Sie und Ihr Baby liegt auf Ihren Beinen. Nun geht's umgekehrt: Sie legen sich langsam hin und richten Ihr Baby mit Ihren Beinen langsam wieder auf.

Auf Entdeckungsreise

Sie gehen mit Ihrem Baby durch die Wohnung und zeigen ihm verschiedene Gegenstände – zum Beispiel einen Apfel, ein Buch oder eine Zahnbürste. Nennen Sie diese beim Namen, führen Sie die Händchen Ihres Babys daran entlang oder streichen Sie damit über seine Wange. Es gibt täglich etwas Neues, Aufregendes zu entdecken!

Glöckchen kling

Binden Sie Ihrem Baby ein Glöckchen mit einem Band locker an seinen Fuß. Es ist ganz fasziniert, wenn es das Klingeln beim Strampeln hört. Noch aufregender ist es, wenn Sie an beiden Füßen Glöckchen mit unterschiedlichem Klang befestigen und die Beinchen auf und ab bewegen.

Hoppla, da tut sich was!

Kurz & praktisch

Pflegetip

Milchschorf
● Milchschorf ist eine der häufigsten Hautkrankheiten in den ersten Monaten. Durch eine Überproduktion der Talgdrüsen entsteht auf der Kopfhaut ein weißlicher, schuppiger Belag.
● Sie können den Schorf über Nacht mit ein wenig Öl oder Vaseline aufweichen und morgens mit einem Handtuch oder einer Babybürste vorsichtig etwas abrubbeln. Wiederholen Sie dies täglich.
● Erweist sich der Schorf als zu hartnäckig, sollten Sie den Kinderarzt fragen.

Nicht vergessen!

Melden Sie Ihr Kind jetzt zur U4 an. Der Kinderarzt untersucht die körperliche Entwicklung, die Haut und prüft die Motorik Ihres Babys. Außerdem steht der erste Impftermin an: Ihr Kind erhält den ersten Schutz gegen Tetanus, Diphterie, Keuchhusten, Kinderlähmung und Hirnhautentzündung.

So entwickelt sich Ihr Kind

● Ihr Baby hebt den Kopf in der Bauchlage schon recht sicher.
● Es schreit ganz unterschiedlich, je nachdem, ob es Hunger hat, müde ist oder beschäftigt werden will.
● Wenn Sie mit ihm sprechen, wendet es sich Ihnen zu und kann schon eine Weile den Blickkontakt halten. Inzwischen wird es Sie immer häufiger anlächeln.

Sinnvolles Spielzeug

● Greifspiel mit Holzmännchen oder -ringen, die so befestigt sind, daß Ihr Baby sie leicht erreichen kann
● Babyrassel
● Singkreisel

Lieder und Reime

Backe, backe Kuchen

„Backe, backe Kuchen, der Bäcker hat gerufen.
Wer will guten Kuchen backen, der muß haben sieben Sachen:"
(die Beinchen abwechselnd heben und senken oder vorsichtig die Fußsohlen gegeneinander patschen)

Ihr Baby findet jede plötzliche Veränderung aufregend. Pusten Sie zum Beispiel ein Mobile an und bringen es danach wieder in Ruhestellung. Oder schütteln Sie plötzlich eine Rassel und halten Sie sie wieder ganz ruhig. Ihr Baby wird begeistert sein!
Auch ein Ball fasziniert Ihr Kind. Sie können ihn vor seinen Augen auf den Boden fallen lassen oder von einer Schräge rollen, drehen oder in die Luft werfen. Machen Sie das alles möglichst langsam und wiederholen Sie es.

„Eier und Schmalz, Butter und Salz,
Milch und Mehl, Safran macht den Kuchen gehl."
(die Beine abwechselnd beugen und strecken)

„Schieb, schieb in' Ofen rein, der Kuchen wird bald fertig sein!"
(die Beine leicht an den Bauch drücken)

Wer wohnt denn da?

Sie lehnen Ihr Baby an Ihre angewinkelten Oberschenkel mit dem Gesicht zu Ihnen und krabbeln mit Ihren Fingern in Etappen von seinem großen Zeh hoch bis zum Ohrläppchen:

„Wohnt hier die kleine Lena?"
(Name Ihres Kindes)
„Eine Treppe höher. Wohnt hier die kleine Lena?
Eine Treppe höher."
(wenn Sie am Hals angekommen sind:)
„Wohnt hier die kleine Lena?
Ja, hier wohnt die kleine Lena.
Soll ich klingeln?"
(am Ohr zupfen)
„Oder klopfen?"
(leicht auf die Brust klopfen)
„Ja, hier wohnt die Lena!"

Kleines Baby-Tagebuch

Größe: _____ Gewicht: _____

DATUM   WICHTIGE EREIGNISSE

Vorsorgeuntersuchung: U4

Mein 4. Monat

Das Rasselspiel

Bewegen Sie langsam eine Rassel vor den Augen Ihres Babys (in 20 bis 50 Zentimeter Abstand) hin und her. Lassen Sie sie kurz aus seinem Blickfeld verschwinden und dann rechts bzw. links wieder auftauchen. Ihr Baby wird versuchen, ihr mit dem Kopf zu folgen. Als Höhepunkt geben Sie Ihrem Kind die Rassel in die Hand. Es wird sich bemühen, sie für kurze Zeit festzuhalten. Wie schön, wenn es gelingt!

Ich bin du – du bist ich

Babys lernen durch Nachahmen. Probieren Sie es aus! Dazu legen Sie sich Ihrem Kind gegenüber, strecken die Zunge heraus, wackeln mit dem Kopf oder legen ihn auf den Boden. Ihr Kind wird es wahrscheinlich auch versuchen. Besonders lustig: Schneiden Sie Grimassen. Babys sind auf Gesichter fixiert und freuen sich über Veränderungen.

Was hör' ich da?

Ihr Baby hat Spaß an Geräuschen und Klängen. Führen Sie ihm verschiedene vor: einen Wecker, ein Glöckchen, eine Rassel. Oder füllen Sie kleine Dosen mit Materialien wie Sand, Reis oder Büroklammern und rasseln Sie damit. Dazu können Sie singen:

„Bruder Jakob, Bruder Jakob!
Schläfst du noch? Schläfst du noch?
Hörst du nicht die Glocken?
Hörst du nicht die Glocken?
Ding, ding, dong! Ding, ding, dong!"

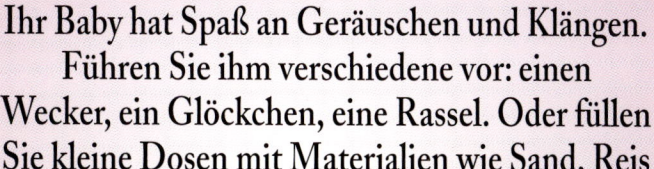

Meine Hände sind weg

Sie halten beide Hände vor Ihr Baby und singen oder sprechen:

Kurz & praktisch

Pflegetip

Blähungen

Fast jedes Baby hat ab und zu Blähungen. Es ist dann unruhig, hat einen harten Bauch und weint oft. Um die Schmerzen zu lindern,
● tragen Sie Ihr Baby herum, am besten bäuchlings auf Ihren Unterarmen liegend;
● setzen Sie sich mit ihm auf einen Gymnastikball und hüpfen Sie sanft auf und ab;
● massieren Sie es mit warmen Händen im Uhrzeigersinn vorsichtig um den Bauchnabel herum;
● legen Sie es mit dem Bauch auf eine warme Wärmflasche und schaukeln Sie es leicht;
● geben Sie Ihrem Baby Fencheltee;
● gehen Sie zu Ihrem Kinderarzt.
Trösten Sie sich - spätestens mit fünf Monaten ist der Spuk vorbei.

Nicht vergessen!

Vier und acht Wochen nach der U4 muß Ihr Baby nochmals geimpft werden, damit die Immunisierung eintritt.

So entwickelt sich Ihr Kind

● Ihr Kind wird jetzt immer mehr juchzen und prusten – und erstmals laut lachen.
● Ziehen Sie es an den Händchen hoch, kann es seinen Kopf schon selbst halten. Ebenso, wenn es bei Ihnen auf dem Schoß sitzt.
● Ihr Baby kann jetzt seine Hände über der Mitte seines Körpers zusammenbringen. Es beobachtet diese gerne und ausgiebig und steckt sie immer wieder in den Mund.

Sinnvolles Spielzeug

● Beißperlenschnur
● Greifring aus Holz
● Stofftier

Lieder und Reime

Zeigt her eure Füße ...

Sie „radeln" mit den Beinen Ihres Babys: Sie beugen und strecken, heben und senken sie im Wechsel, klatschen vorsichtig mit den Füßchen. Dazu können Sie singen:

„Zeigt her eure Füße, zeigt her eure Schuh',
und sehet den fleißigen Waschfrauen zu.
Sie waschen, sie waschen, sie waschen den ganzen Tag.
Sie waschen, sie waschen, sie waschen den ganzen Tag.

Die Welt erfühlen

Streicheln Sie Ihr Baby zart mit einem Stofftier über Händchen oder Wangen, danach mit einem Stofftuch aus einem anderen Material wie zum Beispiel Seide. Dann darf Ihr Kind die Dinge anfassen. So kann es verschiedene Stoffe und Materialien erfühlen.
Auch spannend: eine kleine Papiertüte oder ein Woll-Pompon zum Zerknüllen!

„Meine Hände sind verschwunden,"
(Hände hinter dem Rücken verstecken)
„ich habe keine Hände mehr.
Seht, da kommen meine Hände wieder her."
(Hände hervorholen)
„Seht, da kommen meine
Hände wieder her."

Zeigt her eure Füße, zeigt her eure Schuh',
und sehet den fleißigen Waschfrauen zu.
Sie wringen, sie wringen, sie wringen den ganzen Tag.
Sie wringen, sie wringen, sie wringen den ganzen Tag."

(in weiteren Strophen die letzten beiden Zeilen ersetzen durch:)
• Sie hängen, sie hängen, sie hängen den ganzen Tag.
• Sie trocknen, sie trocknen, sie trocknen den ganzen Tag.
• Sie bügeln, sie bügeln, sie bügeln den ganzen Tag.
• Sie schwatzen, sie schwatzen, sie schwatzen den ganzen Tag.

Ri-ra-rutsch, wir fahren in der Kutsch'

Sie sitzen im Schneidersitz auf dem Boden, das Baby auf Ihrem Schoß. Nun strecken Sie langsam die Arme Ihres Babys zur Seite (nicht nach oben) und führen sie über seiner Brust wieder zusammen. Das wiederholen Sie immer wieder, während Sie singen oder sprechen:

„Ri-ra-rutsch wir fahren in der Kutsch'.
In der Kutsche fahren wir, auf dem Esel reiten wir.
Ri-ra-rutsch, wir fahren mit der Kutsch'.

Ri-ra-rutsch wir fahren in der Kutsch'.
In der Kutsche fahren wir, von der Brücke springen wir.
Ri-ra-rutsch wir fahren mit der Kutsch'."
(gemeinsam mit Ihrem Kind langsam nach hinten fallen lassen)

Kleines Baby-Tagebuch   Größe: _____ Gewicht: _____

Datum	Wichtige Ereignisse
	2. Impftermin

Mein 5. Monat

Der Turmbau zu ...

Sie nehmen Ihr Kind auf den Schoß und bauen ihm aus Bauklötzen einen Turm, ein Tor oder ein Haus. Wie aufregend, wenn Ihr Baby den Turm umwerfen darf! Vielleicht helfen Sie anfangs noch mit.
Geben Sie Ihrem Baby auch selbst einen Baustein in die Hand. Möglicherweise versucht es, Sie nachzuahmen.
Helfen Sie ihm dabei.

Einmal hin, einmal her, schaukeln ist ja gar nicht schwer

Schaukeln tut Ihrem Baby gut und fördert seinen Gleichgewichtssinn. Legen Sie es mit dem Rücken auf ein großes Badetuch und heben Sie eine Seite des Tuches an, damit Ihr Kind in leichte Schräglage kommt. Wie reagiert es? Spreizt es ein Beinchen ab, können Sie es langsam in die entgegengesetzte leichte Schräglage bringen. Singen Sie dazu:

„Brüderchen, komm, tanz mit mir,
beide Hände reich' ich dir.
Einmal hin, einmal her,
rundherum, das ist nicht schwer."

Babyplanschen

Fast alle Babys lieben es zu baden. Besonders schön ist es, wenn Sie Ihr Kind sanft im Wasser hin und herbewegen, so daß Wellen entstehen. Legen Sie Ihm einen Ball oder Badetiere in die Wanne oder gießen Sie mit einer kleinen Gießkanne vorsichtig Wasser über den Körper Ihres Babys.

Hier paßt das alte Entenliedchen:
„Alle meine Entchen schwimmen auf dem See,
schwimmen auf dem See,
Köpfchen in das Wasser,
Schwänzchen in die Höh'."

Ich mache Musik

Befestigen Sie ein Glöckchen über der Spieldecke und binden Sie ein Band daran. Ihr Baby wird fasziniert dem Klingeln lauschen, wenn Sie daran ziehen. Geben Sie Ihm das Band in die Hand. Vielleicht will es selbst Musik machen?

Söckchenspiel

Kurz & praktisch

Pflegetip

Nägel schneiden

● Die meisten Babys wehren sich gegen das Nägelschneiden. Machen Sie es am besten, wenn Ihr Baby schläft.

● Verwenden Sie dazu eine Nagelschere mit einer gebogenen und abgerundeten Spitze und schneiden Sie die Nägel nicht halbrund, sondern gerade ab, damit sie nicht einwachsen.

● Auch Heftpflaster ziehen Sie Ihrem Baby am besten vorsichtig im Schlaf ab.

Nicht vergessen!

Acht Wochen nach der U4 muß die Impfung nochmals aufgefrischt werden.

So entwickelt sich Ihr Kind

● Halten Sie Ihrem Baby ein Spielzeug hin, wird es vor Freude zappeln und die Hände danach ausstrecken.

● Ihr Baby lernt, sich vom Rücken auf die Seite zu drehen.

● In Bauchlage kann es seinen Kopf gut oben halten. Vielleicht macht es „Schwimmbewegungen": streckt seine Arme und Beine aus und schaukelt hin und her.

● Es kann Gesichtsausdrücke unterscheiden: Lächeln Sie es an, lächelt es zurück. Sind sie ärgerlich oder streng, reagiert es unsicher oder ängstlich.

Sinnvolles Spielzeug

● Holztiere (ungiftig)
● weicher Stoffball
● Klingelstab

Lieder und Reime

Babys genießen alle Arten von Fingerspielen. Bereits nach wenigen Wiederholungen hört Ihr Baby am Klang Ihrer Stimme, was nun wieder gespielt wird. Ändern Sie die Fingerspiele so ab, wie es Ihrem Kind am besten gefällt.

Kommt ein Mäuschen ...

„Kommt ein Mäuschen,"
(vom Handgelenk aus den Arm Ihres Babys hochkrabbeln)

Stülpen Sie locker etwas größere, bunte Söckchen über die Füße Ihres Babys. Es wird diese interessiert mustern und womöglich versuchen, sie auszuziehen. Sie können auch bunte Plastikbecher verwenden.

„baut sich ein Häuschen."
(mit den Händen ein Dach über seinem Kopf bilden)
„Kommt ein Mückchen,"
(vom Handgelenk aus den anderen Arm hochkrabbeln)
„baut sich ein Brückchen."
(die Hände über seinem Bauch aufeinanderlegen)
„Kommt ein Floh," *(am Ohr kitzeln)*
„und der macht so!" *(auf die Nase hüpfen und kitzeln)*

Elefantenbummel

„Ein Elefant wollt' bummeln geh'n,"
(Beine langsam auf und ab bewegen)
„sich die ganze Welt beseh'n.
Bald ist er nicht mehr allein, alles trampelt hinterdrein."
(Beine schnell auf und ab bewegen)
„Langsam setzt er Fuß vor Fuß, denn er ist kein Omnibus."
(mit beiden Beinen gemeinsam einen Kreis malen)
„Und schon singt das ganze Land dies Lied vom Elefant."
(mit den Fingern die Beine hochlaufen bis zum Mund und ihn zart streicheln oder küssen)

Kleines Baby-Tagebuch

Größe: _____ Gewicht: _____

DATUM	WICHTIGE EREIGNISSE
	3. Impftermin

Mein 6. Monat

Formen und Farben

Malen Sie auf mehrere Kartons verschieden große farbige Kreise (später auch Quadrate und Dreiecke). Schneiden Sie diese aus und legen sie vor Ihr Baby hin, nebeneinander und übereinander.
• Nehmen Sie die Hand Ihres Babys und fahren gemeinsam den Kreis entlang. Benennen Sie dazu die Farben.
• Legen Sie Spielzeuge in die Kreise und beobachten, wonach Ihr Kind greift. Interessiert es sich schon für die Kreise?
• Sie können sich auch Ihrem Kind gegenüber legen und einen Kreis zwischen sich und Ihrem Baby plazieren. Rollen Sie nun einen kleinen Stoffball direkt über den Kreis zum Baby oder „starten" Sie ihn vom Kreis aus.

Spieglein, Spieglein an der Wand

Ihr Baby beginnt, sich für sein Spiegelbild zu interessieren. Setzen Sie sich mit ihm vor einen Spiegel. Zeigen Sie ihm erst seine eigene Nase, seine Augen, Mund, Stirn und Ohren, dann Ihre eigene Nase, Augen und so weiter. Sprechen Sie dazu:

„Christines *(Name Ihres Kindes)* Augen sind ganz blau, das weiß ich ganz genau.

Die Ohren sind süß und rund, genauso wie der rote Mund.

Die Nase sitzt mitten im Gesicht, die Händchen finden sie meist nicht.

Hoch und runter – immer munter

Sie gehen in die Hocke und fassen Ihr Baby sicher unter den Armen. Jetzt wird Fahrstuhl gefahren! Sie stehen langsam auf und nehmen Ihr Kind mit in die Höhe, bis es in Ihrer Kopfhöhe angekommen ist. Nun geht es wieder runter in den Keller (Hocke). Beginnen Sie dieses Spiel langsam und steigern Sie dann das Tempo. Zum Schluß drehen Sie sich noch vorsichtig dabei.

Was tut da so?

Geräusche faszinieren Babys. Vielleicht ahmt Ihr Baby Sie nach, wenn Sie ...
• in die Hände klatschen
• auf den Boden klopfen
• leicht mit Ihrer Stirn gegen seine stoßen und „bum" sagen
• Ihr Baby küssen und dabei ein

Kurz & praktisch

Pflegetip

Hört Ihr Baby gut?
Schon bei der Geburt ist das Gehör Ihres Babys völlig ausgebildet. Auf einfache Weise können Sie überprüfen, ob Ihr Kind richtig hört:
● Erschrickt es, wenn Sie plötzlich ein lautes Geräusch machen (in die Hände klatschen, laut rufen, etwas auf den Boden fallen lassen)?
● Wendet es auch bei leisen Geräuschen den Kopf zur Geräuschquelle (Rassel, Knistern von Papier)?
● Läßt es sich durch vertraute Stimmen beruhigen?

Nicht vergessen!

Bei der U5 (zwischen dem 6. und dem 7. Lebensmonat) überprüft Ihr Kinderarzt die Beweglichkeit Ihres Babys: ob es sich vom Rücken- in die Seiten- oder Bauchlage dreht, mit seinen Füßchen spielt oder versucht, die Zehen in den Mund zu stecken. Im Gespräch mit Ihnen stellt der Arzt Fragen zur Ernährung und insgesamt zur altersgemäßen Entwicklung. Es wird getestet, ob das Baby schielt und ob sein Gehör ausreichend entwickelt ist.

So entwickelt sich Ihr Kind

● Bieten Sie Ihrem Baby ein Spielzeug an, wird es gezielt danach greifen und es auch festhalten.
● Vorsicht: Ihr Baby steckt alles, was es erreicht, in den Mund!
● Es dreht sich jetzt von einer Seite auf die andere.
● Es entdeckt das „Guck-guck"-Spiel.

Sinnvolles Spielzeug

● Holzbrettchen, Plastikteller
● Becherpyramide
● Ball

Lieder und Reime

Hoppe, hoppe Reiter

Sie setzen Ihr Kind auf Ihre Knie, wippen sanft mit den Beinen und singen oder sprechen dazu:

„Hoppe, hoppe Reiter, wenn er fällt, dann schreit er. Fällt er in den Graben,

Der Hals, die Stirn, die Wangen,
Bauch gehören Christine
natürlich auch."

Kußgeräusch machen
• auf eine Quietschfigur
drücken
• mit einem Kochlöffel
auf einen
Kochtopf
schlagen.

lachen alle Raben,
fällt er in den Sumpf,
macht der Reiter plumps."
*(Sie halten Ihr Baby unter den Achseln, öffnen Ihre
Knie und lassen es etwas nach unten „fallen".)*

Heile, heile Segen

Wenn Ihr Baby sich weh getan hat, nehmen Sie es
zärtlich auf den Arm und singen ihm vor.
Das beruhigt es und spendet ihm Trost:

„Heile, heile Segen,
morgen gibt es Regen,
übermorgen Schnee,
tut's schon nicht mehr weh!

Heile, heile Segen,
sieben Tage Regen,
sieben Tage Schnee,
es tut bald nicht mehr weh.

Heile, heile Segen,
sieben Tage Regen,
sieben Tage Sonnenschein,
wird alles wieder heile sein."

Kleines Baby-Tagebuch

Größe: _____ Gewicht: _____

DATUM   WICHTIGE EREIGNISSE

Vorsorgeuntersuchung: U5

Mein 7. Monat

Echt oder unecht?

Suchen Sie sich einfache Dinge aus, die in einem Kinderbuch groß und deutlich abgebildet sind. Dies kann ein Apfel, eine Banane, eine Tasse, ein Ball oder ein Auto sein. Zeigen Sie Ihrem Kind den echten Gegenstand und dessen Abbildung nebeneinander. Wahrscheinlich werden Sie feststellen, daß es anfangs keinen Unterschied erkennt, aber nach einer Weile nach dem Original greift.

Wunderliche Wandlungen

Zeigen Sie Ihrem Baby, was mit Papier alles möglich ist – aber nicht alles auf einmal. Es lernt so die verschiedenen Eigenschaften des Materials kennen:

• zerreißen Sie vor Ihrem Baby ein Blatt Papier in Stücke
• knüllen Sie es zusammen
• streichen Sie es wieder glatt
• falten Sie es
• basteln Sie eine Röhre daraus
• bemalen Sie es
Auch mit Wasser, Holz, Bändern oder Tüchern können Sie spannende Aktionen vorführen.

Kurz & praktisch

Pflegetip

Zahnen

● Zahnen muß nicht schmerzhaft sein. Doch viele Babys schreien in dieser Zeit häufiger, produzieren mehr Speichel, leiden unter Durchfall und allgemeiner Unruhe, oder werden schneller krank.
● Um Ihrem Baby den Zahndurchbruch zu erleichtern, geben Sie ihm Brotrinde oder Beißringe und massieren Sie seinen Kiefer mit gekühlten Fingern.
● Hält das Unwohlsein über mehrere Tage an, suchen Sie bitte Ihren Kinderarzt auf.

So entwickelt sich Ihr Kind

● Das Baby kann kurze Zeit allein sitzen, wenn es sich mit seinen Händen abstützt.
● Es wechselt sein Spielzeug von einer Hand in die andere.
● Liegt es auf dem Rücken, spielt es gern mit seinen Füßen, steckt sie vielleicht in den Mund.
● Es dreht sich vom Rücken auf den Bauch.
● Das Baby plaudert mit Ihnen durch Silbenketten wie „mem-mem-mem" oder „ge-ge-ge".

Sinnvolles Spielzeug

● Bilderbuch mit großen, einfachen Bildern
● Körbchen mit Wäscheklammern
● Holztiere (ungiftig)

Kuckuck

Sie setzen sich Ihrem Baby gegenüber und legen Ihre Hände über Ihr Gesicht. Dabei sagen Sie: „Kuckuck, wo bin ich?" Nach kürzester Zeit nehmen Sie die Hände wieder weg und sagen: „Da ist die Mama/der Papa". Sie können auch die Augen Ihres Kindes kurz mit Ihren oder seinen eigenen Händen bedecken.

Wer ist schneller?

Setzen Sie sich Ihrem Baby dicht gegenüber und locken es mit einem Spielzeug. Es wird versuchen, das Spielzeug zu erreichen. Oder Sie legen sich neben Ihr Kind und plazieren zwei Spielsachen nur knapp außerhalb seiner Reichweite. Wahrscheinlich wird Ihr Baby danach greifen. Ahmen Sie es dabei nach. Falls es ihm nicht allein gelingt, helfen Sie ihm, die Gegenstände zu erreichen.

Lieder und Reime

Schiff ahoi!

Ihr Baby sitzt seitlich auf Ihrem Schoß und Sie bringen es langsam in Schräglage. Danach verlagern Sie sein Gewicht abwechselnd nach rechts und nach links. So werden seine Nackenmuskeln und die schrägen Bauchmuskeln kräftiger. Dazu gibt es folgenden Reim:

„Ich fahre, ich fahre, ich fahre hin und her.
Ich fahr' mit meinem Schiffchen, das ist ja gar nicht schwer."
(den Oberkörper nach hinten und nach vorne bewegen)
„Ich fahr' nach rechts, ich fahr' nach links,"

Wilde Kissenfahrt

Legen Sie Ihr Baby auf ein ausreichend großes Kissen. Jetzt geht die Fahrt los: Sie packen einen Zipfel und ziehen das Kissen durch die Wohnung oder drehen es im Kreis. Aber bitte nur so schnell, wie es Ihrem „Fahrgast" angenehm ist.

(den Oberkörper zu den Seiten hin bewegen)
„ich fahr' nach Hause, hoffentlich stimmt's." *(umarmen)*
„Ich fahre hoch und fahre runter,"
(hochheben und vorsichtig auf die Füße stellen, langsam wieder absenken)
„dabei wird mein Andreas" *(Name Ihres Kindes)*
„ganz schnell munter." *(Nasen vorsichtig aneinander stupsen)*

Klingelingeling

„Da kommt ein kleines Mäuschen, will gerne in sein Häuschen."
(mit den Fingern am Fuß entlang den Körper hochkrabbeln)
„Doch wo ist das Häuschen hin? Ach, daaa ist's."
(am Bauch hoch und 'runtersausen)
„Schnell, mach klingelingeling." *(am Ohr zupfen)*
„Guten Tag, mein Schatz.
Gib mir einen dicken Schmatz." *(küssen)*

Kommt ein Vogel geflogen

„Kommt ein Vogel geflogen,
setzt sich nieder auf mein' Fuß,
hat ein' Zetterl im Schnabel,
von der Mutter einen Gruß.

Liebes Vöglein, flieg weiter,
bring ein' Gruß mit, einen Kuß,
denn ich kann dich nicht begleiten,
weil ich hierbleiben muß."

Kleines Baby-Tagebuch

Größe: _____ Gewicht: _____

DATUM WICHTIGE EREIGNISSE

Mein 8. Monat

Da kommt ein Krokodil ...

Nähern Sie sich mit Ihrer Hand *(weit weggestreckter Arm)* dem Kind als Krokodil. Klappen Sie dabei die Hand auf und zu und sagen:
„Da kommt ein Krokodil, das kommt vom fernen Nil, und das macht krchkrchkrch" *(oder „schnapp, schnapp, schnapp")*.
Oder: „Da kommt die Maus, versteckt sich im Haus, *(die Hand schnell unter der Kleidung verstecken)* kommt wieder raus und macht piep, piep, piep."
Das können Sie mit beliebig vielen Tieren durchspielen.

Schubkarrenspiel

Sie legen Ihr Baby so auf den Bauch, daß es sich mit den Händen abstützen kann. Heben Sie nun seine Hüften langsam hoch, bis der Rücken einen rechten Winkel zu den Armen bildet. Nach wenigen Sekunden lassen Sie Ihr Baby langsam sinken. Und wieder von vorne!

Geschichten von Kai

Erfinden Sie kurze Geschichten über Ihr Kind, nicht länger als etwa acht bis zehn Sätze. Sprechen Sie langsam und deutlich. Ihr Baby hört Ihnen interessiert zu. Zum Beispiel: „Es war einmal ein kleiner Junge, der hieß Kai *(Name Ihres Kindes)*. Kai war noch ein Baby. Er konnte noch nicht krabbeln und laufen. Am liebsten mochte Kai seinen Teddy und natürlich seine Mama. Er konnte es gar nicht leiden, wenn seine Mama ihn allein im Zimmer sitzen ließ. Dann weinte er so lange, bis sie wiederkam. Seine Mama nahm ihn dann hoch und küßte ihn. Und damit ist die Geschichte aus."

Wo ist der Ball?

Sie zeigen Ihrem Baby einen Ball und verstecken ihn nun langsam und für das Kind gut sichtbar unter einem Tuch. Mit Ihrer Hand wackeln Sie unter dem Tuch hin und her, damit Ihr Kind dazu angeregt wird, das Tuch wegzuziehen.
Eine andere Möglichkeit: Legen Sie einen Ring so unter Ihre Hand, daß Ihr Baby es beobachten kann. Die andere Hand legen Sie daneben. Was tut Ihr Baby? Berührt es eine Ihrer Hände?

Kurz & praktisch

Pflegetip

Durchfall
Nehmen Sie eine Durchfallerkrankung immer ernst, da Ihr Baby innerhalb kürzester Zeit lebensbedrohlich viel Flüssigkeit verlieren kann. Gehen Sie deshalb immer zum Arzt! Um den Flüssigkeitsverlust auszugleichen, muß Ihr Kind viel trinken. Geben Sie ihm dünnen Pfefferminz-, Kamillen- oder Schwarztee (zweiter Aufguß), möglichst in kleinen Schlucken. Die Flaschennahrung muß durch Heilnahrung ersetzt werden.

So entwickelt sich Ihr Kind

- Ihr Baby sitzt jetzt wahrscheinlich schon frei. Doch legen Sie zur Sicherheit noch einige Kissen um es herum.
- Das Baby versucht, selbst zu essen oder zu trinken, und lehnt möglicherweise Ihre Mithilfe dabei ab.
- Es kennt inzwischen seinen Namen und das Wort „nein".

Sinnvolles Spielzeug

- verschiedene Wasserbecher für die Badewanne
- Säckchen aus Stoff (oder zugenähte Baumwollsöckchen), gefüllt mit verschiedenen Materialien wie Reis, Nudeln, Mais, Watte, Papier, zum Fühlen und Spielen (darauf achten, daß sie nicht aufgehen!)
- Teigroller

Lieder und Reime

Old Mac Donald hat ein Haus

„Old Mac Donald hat ein Haus, hi-a-hi-a-ho.
Da schaut ein Hund zum Fenster raus, hi-a-hi-a-ho.
Der macht wau, wau hier und wau, wau da,
hier mal wau, da mal wau, überall macht's wau, wau, wau!
Old Mac Donald hat ein Haus, hi-a-hi-a-ho.

Old Mac Donald hat ein Haus, hi-a-hi-a-ho.
Da schaut eine Maus zum Fenster raus, hi-a-hi-a-ho.

Mein erstes Buch

Schauen Sie mit Ihrem Baby Bilderbücher mit großen, einfachen Motiven an. Erklären Sie jedes Bild ausführlich, zum Beispiel: „Der Hund ist groß und hat ein langes Fell". Ihr Kind findet es besonders lustig, wenn Sie zu den Bildern passende Geräusche machen: Wie ein Hund bellen oder wie ein Auto brummen.

Die macht piep, piep hier und piep, piep da,
hier mal piep, da mal piep, überall macht's piep, piep, piep!
Old Mac Donald hat ein Haus, hi-a-hi-a-ho."

in weiteren Strophen:
„Gans – quack, quack ...; Schwein – quiek, quiek ...;
Kuh – muh, muh ...; Huhn – gack, gack ...."

Wilder Reiter

Ihr Baby sitzt auf Ihrem Schoß, und zwar entweder mit dem Gesicht zu Ihnen, so daß Sie beim „Abschlußplumps" sein Gewicht leicht nach hinten verlagern, oder mit dem Rücken zu Ihnen, so daß Sie mit ihm zusammen langsam nach hinten umfallen. Sie „hoppeln" und sprechen dazu:

„Schicke, schacke, Reiterpferd!
Pferd ist nicht drei Pfennig wert.
Alle kleinen Kindchen
reiten auf dem Füllchen.
Wenn sie größer werden,
reiten sie auf Pferden.
Geht das Pferdchen
trib, trib, trab,
fällt der kleine Reiter ab!"

Kleines Baby-Tagebuch   Größe: _____ Gewicht: _____

DATUM	WICHTIGE EREIGNISSE

Mein 9. Monat

Luftikus

Fassen Sie Ihr Kind mit beiden Händen seitlich um den Brustkorb und heben Sie es langsam und vorsichtig über den Kopf hoch. Kinder lieben es, groß zu sein! Dazu noch ein paar „Motorengeräusche", und der Flieger ist perfekt! Senken Sie dann langsam die Arme und schwingen Sie dabei Ihr Baby ein wenig von rechts nach links (oder umgekehrt).

Wo ist die Mama?

Ihr Baby wird vor Freude jauchzen, wenn plötzlich und unerwartet Ihr Gesicht irgendwo auftaucht. Verstecken Sie sich hinter einem Tuch oder einer Zeitung und fragen Sie Ihr Baby: „Wo ist die Mama/ der Papa?" Danach nehmen Sie das Tuch weg und sagen: „Da ist die Mama/ der Papa". Wiederholen Sie dieses Spiel. Doch bleiben Sie nur kurz verborgen, sonst bekommt Ihr Kind vielleicht Angst.

Wenn es wackelt …

Blasen Sie einen Wasserball weich auf, oder nehmen Sie einen Gymnastikball und legen Ihr Baby mit dem Bauch darauf. Rollen Sie es nun behutsam hin und her, oder kippen Sie es vorsichtig zu sich nach vorn. Als weitere Steigerung können Sie Ihr Baby vorsichtig nach vorn rollen, damit es sich mit seinen Händchen abstützen und den Kopf hochhalten kann. Halten Sie es dabei gut fest!

Auf der Achterbahn

Sie sitzen auf dem Boden, die Beine leicht aufgestellt, das Kind Ihnen zugewandt auf Ihren Füßen. Fassen Sie es mit beiden Händen unter seinen Armen. Nun kann's losgehen! Rutschen Sie Ihr Kind hoch zu den Knien, stellen Sie diese nun steiler auf. Jetzt geht es in rasanter Fahrt wieder hinunter bis zum Bauch, über Ihre Brust wieder hoch, bis es Ihnen zugewandt auf den Schultern sitzt. Das ist ganz schön spannend! Ganz Mutige können die Achterbahnfahrt bis hoch über den Kopf ausweiten.

Kurz & praktisch

Pflegetip

Schluckauf

● Es gibt Babys, denen der Schluckauf gar nichts auszumachen scheint, andere werden sofort quengelig und schreien. Wenn Ihr Baby unter Schluckauf leidet, lassen Sie es nochmals trinken: Normalerweise verschwindet er daraufhin sehr schnell.

Sicherheit

● Machen Sie Ihre Wohnung kindersicher: Stellen Sie alles, woran sich Ihr Baby verletzen könnte oder was es nicht in den Mund stecken darf, so hoch, daß es für das Kleine nicht erreichbar ist. Sichern Sie auch die Steckdosen!

So entwickelt sich Ihr Kind

● Ihr Baby sitzt jetzt frei und sicher.
● Es befaßt sich nun schon ausgiebig mit einem Spielzeug. Verstecken Sie den Gegenstand vor seinen Augen, so wird es ihn suchen.
● Es bildet oft Silbenketten mit „a" und probiert seine Stimme in unterschiedlichen Tonlagen aus.
● Wenn es von einem Unbekannten angesprochen wird, weint es möglicherweise plötzlich und sucht Schutz bei Ihnen. Das kann auch bei jemandem passieren, den es ein paar Wochen nicht gesehen hat.

Sinnvolles Spielzeug

● stabiles Auto zum Hin- und Herschieben (etwa aus Holz)
● Wasserball
● Schaukelpferd

Lieder und Reime

Das ist der Daumen

Sie tippen nacheinander alle Finger Ihres Babys an und schütteln zum Schluß seinen kleinen Finger sanft. Dazu sprechen Sie:

„Das ist der Daumen,
der schüttelt die Pflaumen,
der hebt sie wieder auf,

Zieh, mein Kind, zieh!

Binden Sie an ein Spielzeug mit Rädern ein Band, das Sie Ihrem Kind in die Hand geben. Es wird versuchen, das Spielzeug am Band zu sich her zu bewegen. Das Spiel macht besonders großen Spaß, wenn Sie ein zweites Band haben, an dem Sie das Spielzeug immer wieder von Ihrem Baby wegziehen.

der bringt sie nach Haus',
und der Kleinste ißt sie alle auf."

Hopp, hopp, hopp ...

Setzen Sie Ihr Kind auf den Schoß und wippen Sie es mit Ihren Oberschenkeln:

„Hopp, hopp, hopp,
Pferdchen lauf Galopp,
über Stock und über Steine,
aber brich dir nicht die Beine.
Immer im Galopp,
hopp, hopp, hopp, hopp, hopp.

Brr, Brr, he,
steh doch, Pferdchen, steh.
Sollst schon heut' noch weiterspringen
muß dir erst noch Futter bringen.
Brr, brr, brr, brr, he,
steh doch Pferdchen, steh.

Tripp, tripp, trapp,
wirf mich nur nicht ab!
Sollst mich fleißig weitertragen
werd' es sonst der Mutter sagen,
tripp, tripp, tripp, tripp, trapp,
wirf mich nur nicht ab."

Kleines Baby-Tagebuch

Größe: _____   Gewicht: _____

DATUM	WICHTIGE EREIGNISSE

Mein 10. Monat

Ich krieg' dich schon ...

Sie werfen einen Baustein oder einen Ball ein paar Meter vor Ihr Baby und krabbeln dann mit ihm um die Wette. Klappt das schon gut, stupsen Sie den Baustein oder Ball immer wieder so an, daß er in kurzer Entfernung vor Ihrem Kind liegenbleibt. Ermutigen Sie Ihr Baby immer wieder und lassen Sie ihm zum Schluß die „Beute", damit es ein Erfolgserlebnis hat.

Auf Schatzsuche

Ihr Kind ist fasziniert, wenn Dinge verschwinden und wieder auftauchen. Legen Sie in einen Topf einen Ball, ein Buch, einen Löffel und einen Baustein. Nachdem Sie einen Deckel auf den Topf gesetzt haben, warten Sie ab, ob Ihr Baby versucht, diesen herunterzunehmen. Ansonsten helfen Sie ihm, die Gegenstände zu „entdecken". Ebenso spannend ist es für Ihr Kind, wenn Sie jeweils einen Gegenstand neben und anschließend in den Topf legen (geht auch mit Papiertüte oder Karton).

Handtuchhalter

Legen Sie Ihr Baby quer über ein Handtuch. Packen Sie beide Enden und heben Sie es damit in den Vierfüßlerstand hoch; seine Arme und Beine berühren den Boden. Ziehen Sie Ihr Baby Zentimeter für Zentimeter langsam nach vorn. Das schult seinen Gleichgewichtssinn.

Verkehrte Welt

Schauen Sie mit Ihrem Kind ein Bilderbuch mit einfachen Motiven an. Halten Sie das Buch erst richtig herum und drehen Sie es danach zur Seite oder auf den Kopf. Mit ein bißchen Übung wird Ihr Kind den Kopf ebenfalls drehen, um das Bild wieder richtig zu sehen.

Kurz & praktisch

Pflegetip

Leichter Husten

Hat Ihr Baby Husten, suchen Sie Ihren Kinderarzt auf. Sie können den Husten lindern, indem Sie ...

● Ihr Baby mit erhöhtem Oberkörper lagern (Kissen unter die Matratze), damit es leichter abhusten kann.

● für feuchte Raumluft sorgen: Hängen Sie feuchte Handtücher ins Kinderzimmer, oder stellen Sie einen großen Topf mit heißem Wasser auf (für Kinder unerreichbar!).

● Ihrem Baby viel zu trinken geben, damit sich der Schleim löst (keine Milch).

Nicht vergessen!

Bei der U6 (zwischen dem 10. und 12. Monat) wird Ihr Kind wieder gründlich untersucht. Der Kinderarzt testet Gehör und Sehfähigkeit, fragt nach, ob es Probleme beim Wasserlassen gibt. Im Gespräch mit Ihnen klärt er ab, ob sich Ihr Kind altersgemäß entwickelt.

So entwickelt sich Ihr Kind

● Das Baby geht in den Vierfüßlerstand, schaukelt hin und her und versucht zu krabbeln.

● Es kann jetzt schon gleichzeitig in jeder Hand einen Gegenstand halten.

● Mit dem „Pinzettengriff" kann Ihr Baby auch winzige Dinge greifen.

● Es versteht einfache Aussagen und Wörter.

● Im Bilderbuch erkennt es schon Details wie etwa die Ohren und den Schwanz des Hundes.

Sinnvolles Spielzeug

● farbige Bauklötze aus Holz

● Eimer und Schaufel

● Rutscherauto zum Draufsetzen

Lieder und Reime

Ich nehm' dich mit

So lernt Ihr Kind die Namen in der Familie kennen: Sie nehmen es auf den Schoß und wackeln leicht mit den Knien oder schaukeln seitlich hin und her. Dazu singen Sie:

Spiel mit mir

Sie sitzen mit Ihrem Baby auf dem Schoß am Tisch und legen zwei Bausteine aufeinander. Langsam entfernen Sie erst den einen, dann den anderen Baustein. Wiederholen Sie das immer wieder und ermutigen Sie Ihr Kind einzugreifen. Helfen Sie ihm, die Steine selbst wegzunehmen und aufeinanderzusetzen.

„Hopp, hopp, hopp,
Pferdchen lauf Galopp.
Alleine reiten mag ich nicht,
drum nehm' ich mir den Sebastian (den Papa/die Oma ...) mit.
Hopp, hopp, hopp,
Pferdchen lauf Galopp."

Häschen in der Grube

Ihrem Baby macht es großen Spaß, sich immer wieder mit seinen Beinchen abzustoßen. Stellen Sie es auf Ihren Schoß, halten Sie es unter den Armen fest und wippen Sie im Takt zu:

„Häschen in der Grube saß und schlief, saß und schlief.
Armes Häschen bist du krank, daß du nicht mehr hüpfen kannst?
Häschen hüpf, Häschen hüpf, Häschen hüpf.

Häschen vor dem Wolfe, hüte dich, hüte dich!
Packt mit seinem scharfen Zahn
sonst dein kleines Schwänzchen an.
Häschen lauf, Häschen lauf,
Häschen lauf."

Kleines Baby-Tagebuch   Größe: _____   Gewicht: _____

DATUM   WICHTIGE EREIGNISSE
Vorsorgeuntersuchung: U6

Mein 11. Monat

Weg mit dem Ball

Kann Ihr Baby sich an den Möbeln hochziehen und dort für kurze Zeit stehen, dann legen Sie einen leichten Ball dicht neben seine Beine. Zeigen Sie ihm, wie es den Ball wegkicken kann, und wechseln Sie dabei die Seiten. So lernt Ihr Baby, sein Gleichgewicht zu halten.

Zeig mir, was das ist

Inzwischen versteht Ihr Baby einige Worte. Gehen Sie mit ihm durch die Wohnung und fragen Sie es nach Gegenständen, die Sie ihm schon öfter gezeigt haben:
• vor der Lampe fragen Sie: „Wo ist das Licht?"
• vor dem Tisch: „Wo ist der Tisch?"
• im Garten: „Wo sind die Blumen? Zeig mir die Blumen!"

Hallo Kasperle!

Schon kleine Kinder sind fasziniert von Fingerpuppen. Stülpen Sie ein Stofftaschentuch über Ihren Zeigefinger und ziehen Sie es mit einem Band fest. Malen Sie mit Stoffarben oder Filzstift ein Gesicht darauf und lassen Sie die Fingerpuppe zu Ihrem Baby reden. Wenn Sie an zwei Fingern eine Puppe haben, können die beiden miteinander sprechen, spielen, tanzen und turnen. Ihr Kind wird begeistert sein!

Punkt, Punkt, Komma, Strich

Legen Sie sich mit einem großen Blatt Papier neben Ihr Kind. Beide haben einen Stift in der Hand. Malen und sprechen Sie dabei:

„Punkt, Punkt, Komma, Strich,
fertig ist das Mondgesicht.
Und zwei Ohren nebendran,
damit ist allen wohlgetan.
Noch ein paar Haare auf den Kopf,
fertig ist der arme Tropf."

Lauf, Pferdchen, lauf!

Setzen Sie Ihr Kind auf Ihre Schultern und laufen Sie im Trab durch die Wohnung. Halten Sie es dabei sicher mit einer Hand am Rücken und mit der anderen Hand an einem Bein fest. Sie können Ihr Kind auch auf Ihren Rücken nehmen und an Po und Rücken festhalten. Ein Riesenspaß!

Kurz & praktisch

Pflegetip

Gerötete oder verklebte Augen
Sind die Augen Ihres Babys gerötet, gelb verkrustet oder tränen sie, säubern Sie sie vorsichtig mit einem Wattebausch (für jedes Auge einen eigenen), der mit lauwarmem Wasser angefeuchtet ist. Damit können Sie die Verklebungen an den Lidrändern von außen zur Nase hin aufweichen. Gehen Sie auf jeden Fall zum Kinderarzt, da es sich um eine Bindehautentzündung handeln kann.

So entwickelt sich Ihr Kind

● Ihr Kind kann seine Hände immer besser koordinieren: Es klatscht schon in die Hände und winkt.
● Es versucht, sich zum Stehen hochzuziehen.
● Warscheinlich krabbelt es inzwischen.
● Das Baby freut sich über jedes Geräusch, das es selbst zustande bringt. Es trommelt, klopft und klappert gerne mit Gegenständen.
● Hört Ihr Baby Musik, schaukelt es hin und her.
● Es bildet zweisilbige Worte wie „Nana", „Dada", „Gaga", „Mama" und „Papa".

Sinnvolles Spielzeug

● Spieltelefon: „Telefoniert" Ihr Baby, „antworten" Sie am anderen Ende der Leitung
● Schneebesen
● Glockenspiel

Lieder und Reime

Bi-Ba-Butzemann

Tanzen Sie mit Ihrem Baby immer wieder zu Musik oder zu selbst gesungenen Liedern. Diese Freude ist kaum zu überbieten.

„Es tanzt ein Bi-Ba-Butzemann
in unserm Kreis herum, dideldum,
es tanzt ein Bi-Ba-Butzemann
in unserm Kreis herum.

Er rüttelt sich, er schüttelt sich,
er wirft sein Säckchen hinter sich.
Es tanzt ein Bi-Ba-Butzemann
in unserm Kreis herum."

Zappelfinger

„Zehn kleine Zappelfinger zappeln hin und her,
zehn kleinen Zappelfingern fällt das gar nicht schwer."
*(Hände immer wieder von links nach rechts und
rechts nach links zappeln lassen)*

„Zehn kleine Zappelfinger zappeln auf und nieder,
zehn kleine Zappelfinger tun das immer wieder."
(mit den Händen immer wieder auf und nieder zappeln)

„Zehn kleine Zappelfinger zappeln ringsherum,
zehn kleinen Zappelfingern scheint das gar nicht dumm."
(Hände hin- und herdrehen, zu Ihrem Kind hin- und wieder wegbewegen)

„Zehn kleine Zappelfinger spielten mal Versteck.
Zehn kleine Zappelfinger sind auf einmal weg!"
(Hände hinter Ihrem Kopf verstecken, dann hinter Ihrem Rücken)

„Zehn kleine Zappelfinger kommen zu dir rüber,"
(mit Ihren Händen zum Kind hinkrabbeln)
„zehn kleine Zappelfinger tun es immer wieder."
(wieder Ihre Hände zappeln lassen, Ihr Baby küssen)

Wo bin ich?

Das Versteckspiel macht Ihrem Kind immer mehr Spaß. Verbergen Sie sich vor den Augen Ihres Babys in nächster Nähe. Als Suchanreiz können Sie Geräusche machen: pfeifen, piepsen oder „Hallo, wo bin ich?" rufen. Welche Freude, wenn Ihr Kind Sie findet!

Kleines Baby-Tagebuch

Größe: _____ Gewicht: _____

DATUM   WICHTIGE EREIGNISSE

Mein 12. Monat

Wilde Jagd

Verwandeln Sie sich in ein Tier, zum Beispiel einen Tiger. Dieser krabbelt vor Ihrem Baby um ein Kissen herum, über das Kissen und dann weiter unter dem Tisch durch und quer durch die ganze Wohnung. Eine „wilde" Jagd beginnt, bei der einmal Ihr Baby und einmal Sie der „Tiger" sind. Sie können auch ein Elefant, ein Vogel oder ein Hund sein und beim Krabbeln trompeten, zwitschern oder bellen. Das liebt Ihr Kind besonders.

Ich schenk' dir was

Nehmen Sie ein Spielzeug in die Hand, strecken Sie es Ihrem Kind hin und sagen Sie zum Beispiel: „Nimm du den Baustein." Hat es ihn genommen, bitten Sie Ihr Baby, ihn Ihnen wieder zurückzugeben. Übergeben Sie das Spielzeug einmal mit der rechten Hand, einmal mit der linken oder mit beiden Händen.

Spieglein, Spieglein an der Wand

Sie setzen sich mit Ihrem Kind vor den Spiegel und schneiden Grimassen oder machen Bewegungen. Sie können die Zunge rausstrecken, die Handflächen an den Spiegel legen, die Augenbrauen hochziehen, die Nase rümpfen, mit den Augen zwinkern, den Kopf schütteln. Ihrer Phantasie sind keine Grenzen gesetzt. Ihr Kind wird Ihnen interessiert zuschauen oder versuchen, Sie nachzuahmen.

Pustespiel

Setzen Sie sich Ihrem Kind gegenüber, entweder am Boden oder am Tisch. In die Mitte kommt ein Wattebausch. Zeigen Sie Ihrem Kind, wie sich der Wattebausch durch Pusten hin und her bewegt. Es wird interessiert zuschauen und versuchen, den Wattebausch zu packen. Selbst kann es noch nicht gezielt pusten.

Kurz & praktisch

Pflegetip

Ohrenschmerzen
Haben Sie den Verdacht, daß Ihr Baby Ohrenschmerzen hat, gehen Sie umgehend zum Kinderarzt. Eine Zwiebel lindert einstweilen den Schmerz.
- Erhitzen Sie dazu dünne Ringe von einer halben Zwiebel in der Pfanne.
- Wickeln Sie die heißen Zwiebelringe in ein Baumwolltuch, legen Sie sie auf das schmerzende Ohr und fixieren sie zum Beispiel mit einem Stirnband oder einer Mütze. Prüfen Sie unbedingt erst an Ihrem eigenen Ohr, ob die Auflage bei längerem Hinhalten nicht zu heiß ist.

- Schläft Ihr Baby, lagern Sie es mit erhöhtem Oberkörper. Legen Sie es keinesfalls auf ein Federkissen.

So entwickelt sich Ihr Kind
- Ihr Baby kann an Ihren Händen einige Schritte gehen. Es läuft an Möbeln entlang und kann immer besser sein Gleichgewicht halten.
- Es versucht, beim Ausziehen mitzuhelfen, indem es seine Arme bereitwillig nach oben streckt.
- Es bildet immer mehr einsilbige Wörter.

Sinnvolles Spielzeug
- Steckspiel (z.B. Scheibenmännchen, Ringe)
- Spielradio zum Aufziehen
- Töpfe, Kochlöffel

Lieder und Reime

Ein Hase wollt' zur Schule geh'n

„Ein Hase wollt' zur Schule geh'n, zur Schule ganz allein."
(mit den Fingern den Arm hochlaufen)
„Er hat den Bach dort nicht geseh'n,
und – plumps! – fiel er hinein."
(Hand sanft auf den Bauch Ihres Babys fallen lassen)
„Der Bach trieb rasch dem Tale zu, dort wo die Mühle steht,"
(Hände zwischen den Beinchen Ihres Kindes hin- und herbewegen)

Lauf, mein Baby, lauf

Sie setzen sich mit gespreizten Beinen auf den Boden und stellen Ihr Kind auf Armlänge vor sich hin. Lassen Sie es auf sich zulaufen und fangen Sie es dann auf. Vielleicht kann es das schon allein, ansonsten halten Sie es an den Händen. Singen oder sprechen Sie dazu:

„Komm mein Mäuschen, komm ins Häuschen,
komm kleine Maus, komm ins Haus."

Straßenrallye

Bauen Sie aus Bauklötzen eine Straße und schieben Sie abwechselnd mit Ihrem Kind größere Autos hindurch. Wer wohl schneller ist?

„und wo sich ohne Rast und Ruh' das große Mühlrad dreht."
(mit den Fingern am Bauch Kreise malen)
„Ganz langsam drehte sich das Rad,
fest hielt's der kleine Has',"
(immer langsamer werden und stillhalten)
„und als er endlich oben war,"
(mit den Fingern bis zum Hals hochlaufen)
„sprang er vergnügt ins Gras."
(Riesensprung bis zu den Beinen)
„Da lief der Hase heim ganz schnell, vorbei war die Gefahr."
(mit den Fingern die Beine entlang bis zu den Füßen laufen)
„Der Vater rubbelt froh sein Fell, bis daß es trocken war."
(nehmen Sie Ihr Baby in den Arm und „rubbeln" Sie es sanft)

Der Frosch ist krank

Wenn Ihr Kind krank ist, braucht es viel Zuwendung. Wiegen Sie es sanft in Ihren Armen und sprechen Sie dazu:

„Denkt euch nur, der Frosch ist krank,
liegt nur auf seiner Gartenbank,
quakt nicht mehr, wer weiß wie lang,
ach, wie fehlt mir sein Gesang!
Denkt euch nur,
der Frosch ist krank!"

Kleines Baby-Tagebuch

Größe: _____ Gewicht: _____

DATUM	WICHTIGE EREIGNISSE

Mein erstes Jahr

Hier können Sie sich selbst eine Seite gestalten - mit den schönsten Fotos und den lustigsten Ereignissen aus dem ersten Lebensjahr Ihres Babys. So schaffen Sie für sich und Ihr Kind eine wunderschöne Erinnerung an diese faszinierende gemeinsame Zeit.

Ereignisse im ersten Lebensjahr

Bücher, Zeitschriften, kostenlose Broschüren und wichtige Adressen

Bücher

Austermann, Marianne / Wohlleben Gesa: Zehn kleine Krabbelfinger; Kösel Verlag

Brazelton, T. Berry: Babys erstes Lebensjahr; dtv

Cramm, Dagmar von: Kochen für Babys; GRÄFE UND UNZER VERLAG

Cramm, Dagmar von / Schmidt, Prof. Dr. Eberhard: Unser Baby. Das erste Jahr; GRÄFE UND UNZER VERLAG

Keudel, Dr. Helmut: Kinderkrankheiten; GRÄFE UND UNZER VERLAG

Lothrop, Hannah: Das Stillbuch; Kösel Verlag

Morris, Desmond: Babywatching. Was dir dein Baby sagen will; Heyne

Nitsch, C. / Hüther, Prof. Dr. G., Kinder gezielt fördern; GRÄFE UND UNZER VERLAG

Pulkinnen, Anne: PEKiP: Babys spielerisch fördern; GRÄFE UND UNZER VERLAG

Stern, Daniel: Tagebuch eines Babys; Piper Verlag

Stellmann, Dr. H. Michael: Kinderkrankheiten natürlich behandeln; GRÄFE UND UNZER VERLAG

Zeitschriften und Broschüren

Jahrbuch „Der große Einkaufsratgeber Kleinkinder"
Öko-Test Verlag GmbH
Postfach 900 766
60447 Frankfurt
www.oekotest.de

„Das Baby" und „Sicherheitsfibel – Ratgeber für Eltern zur Verhütung von Kinderunfällen"
Bundeszentrale für gesundheitliche Aufklärung
Ostmerheimerstr. 220
51109 Köln
www.bzga.de

Mutterschutzgesetz/Kindergeld:
Bundesministerium für Familie, Senioren, Frauen & Jugend
Alexanderplatz 6
10178 Berlin
www.bmfsfj.de

„Budgetkompass für die Familie":
Geld und Haushalt - Beratungsdienst der Sparkassen-Finanzgruppe
im Deutschen Sparkassen- und Giroverband
Charlottenstraße 47
10117 Berlin
www.geldundhaushalt.openworx.net

Wichtige Adressen

Deutschland

Deutscher Kinderschutzbund
Bundesverband e.V.
Hinüberstr. 8
30175 Hannover
www.dksb.de

Pro Familia, Deutsche Gesellschaft für Sexualberatung und Familienplanung e. V.
Stresemann Allee 3
60596 Frankfurt
www.profamilia.de

Sprechstunde für Schreibabys
Kinderzentrum München
Heiglhofstr. 63
81377 München
www.kinderzentrum-muenchen.de

Tagesmütter, Bundesverband für Kinderbetreuung in Tagespflege e.V.
Moerserstr. 25
47798 Krefeld
www.tagesmuetter-bundesverband.de

Österreich

Österreichische Caritaszentrale
Albrechtskreithgasse 19-21
1160 Wien
www.caritas-wien.at

Familienservice des Bundesministeriums für soziale Sicherheit, Generationen und Konsumentenschutz
Sektion V
Franz-Josefs-Kai 51
1010 Wien
www.bmsg.gv.at

Eltern für Kinder Österreich
Ottakringer Straße 217-221
1160 Wien
www.efk.at

Verein Kinderbegleitung
Ungenach 51
4841 Ungenach
www.kinderbegleitung.org

Schweiz

Caritas Schweiz
Löwenstr. 3
6002 Luzern
www.caritas.ch

appella: Beratungstelefon zu Schwangerschaft und Geburt
Telefon: 01 273 06 60

INFRA (Informationsstelle für Frauen)
Bollwerk 39
3011 Bern
www.infrabern.ch

Schweizerischer Verband Kind und Spital
Postfach 416
CH-5601 Lenzburg
www.kindundspital.ch

Wichtiger Hinweis

Dieser Kalender gibt Rat und Hilfe für das erste Jahr mit dem Baby. Sie sind aufgefordert, selbst zu entscheiden, ob und inwieweit Sie den Empfehlungen folgen wollen. Bei Beschwerden und Krankheiten des Babys sollten Sie immer ärztlichen Rat einholen!